LETTRE
D'UN PROFESSEUR
EN THÉOLOGIE
D'UNE UNIVERSITÉ PROTESTANTE
A M. D'ALEMBERT.

A STRASBOURG,

M. DCC. LIX.

LETTRE

D'UN PROFESSEUR

EN THÉOLOGIE

D'UNE UNIVERSITÉ PROTESTANTE

A M. D'ALEMBERT.

Καὶ σὺ τέκνον!

MONSIEUR,

Je viens de lire la lettre que vous avez adreſſée à M. Rouſſeau, pour répondre à celle que ce ſavant a publiée au ſujet de l'article *Genève* inſéré dans le Dictionnaire Encyclopédique.

Je ſuis bien éloigné de vouloir me mêler dans une diſpute qui ne me regarde pas; & j'oſe encore moins entrer en lice avec un homme de lettres, dont je reconnois la ſupériorité de génie. Mais j'ai cru devoir vous communiquer une obſervation que j'ai faite ſur votre Lettre; & j'eſpère que votre amour pour la juſtice & pour la vérité vous la fera recevoir favorablement.

Rien de plus ſolide ni de plus digne de la vraie Philoſophie & de la Religion Chrétienne, que la plupart des réflexions que vous avez faites dans le quatrième Tome de vos *Mélanges de littérature*, &c. ſur l'abus de la critique en matière de Religion. Je les adopte avec vous; & je voudrois que vous les euſſiez ſuivies dans le ju-

gement que vous avez porté de Mes-
fieurs les Miniftres de Genève, & de
la Religion Proteftante en général.

J'ai examiné ce jugement; & j'ai vu,
avec peine, qu'il femble que vous
foyez le premier à tranfgreffer les rè-
gles que vous avez établies. Permet-
tez-moi de vous propofer mes dou-
tes à cet égard.

Dans votre Lettre à M. Rouffeau,
(a) vous tâchez non feulement de
juftifier l'imputation que vous avez
faite aux Théologiens de Genève, en
les accufant de ne plus croire ni *à la
Divinité de Jéfus-Chrift*, ni à *l'éternité
des peines de l'Enfer*; mais vous rendez
enfuite la propofition générale, en di-
fant que *ces fentimens font une fuite
néceffaire des principes de la Religion*

(a) Mélanges, Tome II, page 450.

Proteſtante : que, ſi les Miniſtres ne jugent pas à propos de les adopter ou de les avouer aujourd'hui, la Logique que vous leur connoiſſez doit naturellement les y conduire, ou les laiſſer à moitié chemin.

Je ſais trop vous rendre juſtice, Monſieur, pour penſer que le deſir de calomnier vous ait fait avancer ces propoſitions. Vous paroiſſez trop éloigné des maximes de ces gens *qui mettent des injures à la place des raiſons* (b) ; & vous nous peignez certains événemens des trois derniers ſiécles avec des couleurs trop odieuſes, pour que l'on vous ſoupçonne d'avoir eu le deſſein de les reproduire. Un Philoſophe, tel que vous, ne voudra pas ſans doute imprimer cette tache

(b) Idem, Tome IV, page 323.

à fa mémoire. Mais, fi vous vous plai-
gnez des (c) reproches d'impiété dont
fouvent on charge les Philofophes mal
à propos, en leur attribuant des fentimens qu'ils n'ont pas, en donnant à leurs
paroles des interprétations forcées, en
tirant de leurs principes des conféquences
odieufes qu'ils défavouent ; Mrs les Miniftres de Genève, & plus encore *les
Proteftans* en général, ne font-ils pas
en droit de vous adreffer les mêmes
plaintes ? Vous convenez vous-même
qu'en (d) matière de Religion plus qu'en
aucune autre, c'eft fur ce qu'on a écrit
qu'on doit être jugé, & non fur ce qu'on
eft foupçonné mal à propos de penfer ou
d'avoir voulu dire : cependant, pour juftifier l'accufation de *Socinianifme* que

(c) Idem, Tome I V, page 324.
(d) Idem, Tome I V, page 362.

A iiij

vous intentez aux Théologiens de Genève, vous déclarez les avoir jugés d'après des ouvrages, d'après des conversations publiques, où ils ne vous ont pas paru prendre beaucoup d'intérêt à la Trinité ni à l'Enfer, enfin d'après l'opinion de leurs Concitoyens & des autres Eglises Réformées. Or je vous demande, Monsieur, si, en bonne Philosophie & dans une matière aussi grave, il est permis d'asseoir un jugement sur de simples *probabilités* ; & si, en bon Logicien, vous pouvez traiter de *Sociniens* les Pasteurs de Genève, sur des écrits & des conversations où ils ne vous *paroissent* pas prendre beaucoup d'intérêt à la *Trinité*, &c. Cette *apparence*, qui peut-être n'en est pas une, suffit-elle pour accuser une société d'hommes respectables ? Un fait de cette nature peut-il être avancé sans preuves, sans une parfaite certitude morale ? Vous-même n'exigez-vous pas qu'un homme *ne doit pas être jugé sur ce qu'il est soupçonné de penser ou d'avoir voulu dire*? Pourquoi donc jugez-vous ces mêmes Pasteurs, (e) *en leur attribuant des sentimens qu'ils protestent ne pas avoir, en donnant à leurs paroles des interprétations forcées, en tirant de leurs principes des conséquences odieuses & fausses qu'ils désavouent*? Pourquoi les jugez-vous sur la simple opinion de quelques uns de leurs concitoyens ? Pourquoi enfin renouvellez-vous ces accusations, lors même que ces Théologiens les ont repoussées par un acte authentique ? Que penseriez-vous enfin d'un Au-

(e) Mél. Tom. II. pag. 324.

A v

teur qui vous accuſeroit de *Matéria-
liſme* ; & qui, pour prouver ce qu'il
avance, diroit qu'il vous a jugé d'a-
près vos ouvrages & d'après des con-
verſations publiques, où vous ne lui
avez pas paru prendre beaucoup d'intérêt à la *ſpiritualité* de l'ame, enfin
d'après l'opinion de vos *concitoyens*
& de la *Sorbonne* même ; que ces ſen-
timens ſont d'ailleurs une ſuite nécéſ-
ſaire de votre Philoſophie ; & que, ſi
vous ne jugez pas à propos de les
adopter ou de les avouer aujourd'hui,
la *Logique* que l'on vous connoît doit
naturellement vous y conduire, ou vous
laiſſer à moitié chemin ? Vous êtes
trop bon Catholique pour ne pas re-
garder cette accuſation comme très-
grave, & trop bon Logicien pour ne
pas ſentir qu'elle reſſemble exactement

à l'imputation que vous avez faite aux Théologiens de Genève. Avouez donc, Monsieur, que vous avez péché vous-même contre les régles de critique que vous avez établies; avouez, que votre jugement a été trop précipité; avouez enfin que, quand même un Théologien de Genève vous auroit donné dans ses écrits l'occasion la plus forte pour le soupçonner de Socinianisme, vous ne feriez pas plus en droit d'imputer ce sentiment à tout le corps des Pasteurs, que ne feroit ce même corps à soutenir que la doctrine des *Escobars* & des *Busembaums* est celle de l'Eglise Catholique.

Mais il ne me convient pas de prendre ici la défense de Messieurs de Genève ; vos ouvrages parviendront jusqu'à eux, & ils sauront y répondre,

s'ils le jugent à propos. Ce qui m'inté-
resse plus particulièrement, & la seu-
le chose qui m'a mis la plume à la main,
c'est le procès que vous intentez à *la*
Religion Protestante en général, en assu-
rant *que la logique que vous connoissez*
à ses Ministres les conduit naturellement
au Socinianisme. Il est vrai qu'en nous
faisant une imputation si gratuite, vous
ne prétendez pas nous faire une injure:
&, si je compare l'éloge que vous faites
ailleurs de notre Philosophie (*f*) avec
l'assurance que vous donnez à vos lec-
teurs (*g*) *que, quand même nous ne serions*
pas Sociniens, il faudroit que nous le de-
vinssions pour l'honneur de notre philo-
sophie; je suis prêt à concevoir des
soupçons à votre égard, que je crains

____

(*f*) Tome, IV. p. 276.
(*g*) Tome II. p. 450.

qu'un examen réfléchi ne fasse naître
chez tout lecteur. Mais, quand même
vous croiriez nous honorer en nous ac-
cusant, je ne m'en tiendrois pas moins
obligé à vous désabuser sur un article
des plus essentiels de notre Religion.

Pour cet effet, je ne me contenterai
pas de vous rappeller notre Confession
de Foi ; vous la traiteriez peut-être
comme celle de Messieurs de Genève.
Par la même raison, je ne vous dirai pas
non plus qu'en comprenant parmi nos
livres symboliques, non seulement le
Symbole attribué aux Apôtres, mais encore ceux de Nicée & de S. Athanase,
nos sentimens *sur la Trinité* en général,
& *sur la Divinité de Jésus-Christ* en par-
ticulier, doivent être à l'abri de tout
reproche. Mais je vous prierai de
considérer que cette même philoso-

phie & cette logique que vous nous connoissez, & dont vous faites éloge, au lieu de nous éloigner de ces dogmes si précieux & si consolans, ne font que nous y confirmer.

Newton, Leibnitz & Wolff font, comme vous savez, nos maîtres en philosophie ; nous nous appliquons à profiter de leurs lumieres ; & nous nous faisons une gloire de marcher sur leurs traces, sans cependant nous croire obligés d'adopter servilement tous leurs principes. En agissant ainsi, nous tâchons, autant qu'il nous est possible, de faire des progrès dans la connoissance de la nature. Plus nous avançons dans cette connoissance, & plus nous sommes frappés des qualités adorables de l'auteur de notre existence. Ce sentiment intime nous engage à nous hu-

milier devant lui ; à reconnoître que
cet Etre suprême demeure dans une
lumière inacceſſible pour nous ; & que
l'homme qui, conduit par ſes propres
lumières , prétend nous donner une
définition exacte de cet Etre suprême,
des qualités qui lui ſont propres , de
ce qui eſt poſſible en Dieu , & de ce
qui y eſt impoſſible , mérite autant le
titre d'*inſenſé* que celui *qui dit dans ſon
cœur, il n'y a point de Dieu* (h). Mais, ſi
nous déſeſpérons de parvenir, par nos
propres lumières, à une connoiſſance
parfaite de notre Créateur & de nos
devoirs envers lui ; nous béniſſons la
bonté divine qui s'eſt manifeſtée à nous
dans ſa Parole. Vous faites profeſſion
de reconnoître la divinité de la Révé-
lation : ainſi je me diſpenſe de vous

____

(h) Pſ. XIII, 1.

rappeller ici les preuves qui nous dé-
terminent à la recevoir avec foumif-
fion ; & je me contenterai de vous in-
diquer en peu de mots notre manière
de raifonner, en conféquence de la
perfuafion où nous fommes, à l'égard
des dogmes qu'elle nous enfeigne, &
furtout à l'égard de la *divinité* de notre Sauveur.

Nous croyons qu'un fait peut être
véritable, quoique nous ne compre-
nions pas la manière dont il eft arrivé:
&, pour nous perfuader de fon exiften-
ce; il nous fuffit que des témoins irré-
prochables nous en affurent. Ceux qui
penfent autrement, nous les comparons
à des hommes qui refuferoient de croire que le feu brûle, parce qu'on ne fau-
roit leur donner une notion exacte de
la nature du feu ; qui nieroient l'exif-

tence de la bouſſole , parce que nous ne ſaurions leur rendre une raiſon ſuffiſante de l'action de l'aimant ; qui conteſteroient que Céſar eut vécu, parce qu'on ne ſauroit le prouver par une démonſtration géométrique.

Ce principe une fois poſé , il nous ſuffit d'être convaincus de la Divinité de laRévélation en général, pour recevoir avec reſpect & avec ſoumiſſion toutes les vérités qu'elle nous annonce , quoiqu'elles ſoient au-deſſus de la portée de notre intelligence , quoique nous ne puiſſions pas les comprendre. Nous redoublons de reſpect & de ſoumiſſion, lorſquè l'Etre ſuprême parle de lui-même , de ſa nature , de ſes qualités & de ſes attributs ; puiſque nous ſavons qu'un Dieu , *à tous égards* compréhenſible aux hommes, ceſſeroit par cela même d'être Dieu, & ne pourroit mériter nos hommages. Ceux qui pensent autrement, à notre avis, reſſemblent à la Mouche de la fable, qui, grimpant le long d'un magnifique bâtiment, prouve que l'architecte qui l'a conſtruit étoit un ignorant, par les chemins raboteux qu'elle rencontre dans la ſculpture des colonnades.

Il nous ſuffit par conſéquent de voir que les Prophêtes, les Evangéliſtes & les Apôtres s'accordent pour donner à Jéſus-Chriſt le nom, les attributs & les prérogatives de la Divinité, pour nous déterminer à l'adorer comme vrai Dieu, & à reconnoître avec l'Apôtre (i) *qu'il eſt juſte qu'au nom de Jéſus-Chriſt tout genou ſe ploie dans les cieux & ſur la terre.* Ceux qui, à cet égard,

____
(i) Phil. III. 10.

ne font pas de notre fentiment, quoique d'ailleurs ils admettent la divinité
des Ecritures, nous les regardons
comme de mauvais logiciéns, qui accordent les prémiffes, & qui nient la
conclufion.

Voilà, Monfieur, notre manière
de raifonner, & notre logique. *Elle
ne nous laiffe pas à moitié chemin,* comme vous voyez. Blâmez-la, fi vous
le jugez à propos; mais croyez du
moins que c'eft ainfi que nous penfons,
que c'eft ainfi que nous inftruifons les
peuples, & que nous cherchons à leur
faire part des mêmes confolations dont
nous fommes pénétrés, & qui réful-
tent du dogme de *la divinité du Verbe
incarné.* Si, mal informé de nos fentimens, vous nous avez fait tort dans l'ef-
prit d'un public fouvent mal inftruit;

tâchez, je vous en conjure, de le réparer en nous rendant plus de justice. Les Proteſtans ſont déjà trop injuſtement noircis dans l'eſprit d'un peuple ignorant : Que deviendroient-ils, ſi les hommes de génie & les philoſophes ſe joignoient à l'Apologiſte de la S. Barthélemy pour les opprimer ?

J'ai l'honneur d'être, &c.

FIN.